NA
GE

Instrumentos de medición

Bilal Jouhar

Contenido

Medir a diario

Medimos cosas todos los días.
Para medir, usamos instrumentos
de medición.

Muchas clases de instrumentos

Usamos distintos instrumentos para medir diferentes cosas. ¿Qué podrían medir con estas herramientas?

5

Reglas y cintas

Para medir la altura, la anchura y la longitud, podemos usar una regla o una cinta métrica.

La mayoría de las reglas miden 12 pulgadas. Eso es lo mismo que 1 pie.

Hay cintas métricas de muchas medidas.

Para medir la longitud, la anchura y la altura, también podemos usar una vara de medir. Estas varas son un tipo especial de regla. Miden 1 yarda de largo. Eso es lo mismo que 3 pies.

Un tallímetro de pared es un
instrumento de medición.
Se usa para medir la altura.

Tazas y cucharas

Para medir el volumen,
podemos usar tazas y
cucharas de medición.

Este chico está usando una
taza de medición para
medir el aceite de cocinar.

Esta chica está midiendo 1 cucharada de sal.

1 cuchara tiene la misma capacidad que 3 cucharitas.

11

Para medir tazas, pintas y cuartos de galón, podemos usar tazas de medición.

Esta mujer está midiendo 1 pinta de leche.

Un cartón de un cuarto de galón tiene una capacidad de 2 pintas.

Una botella de un galón tiene una capacidad de 4 cuartos.

Básculas y balanzas

Para medir el peso, podemos usar básculas y balanzas. Hay distintas clases de básculas y balanzas. Incluso hay básculas especiales para pesar a los bebés.

balanza de resorte

balanza electrónica

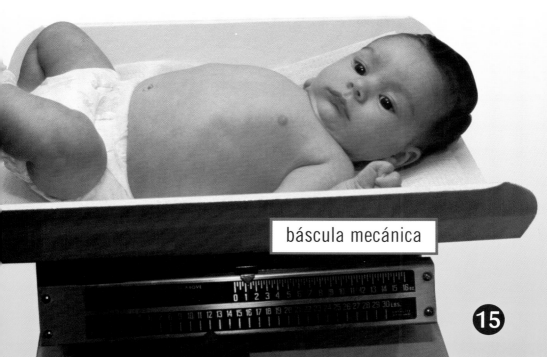

báscula mecánica

Índice